ツバキ文具店の鎌倉案内

ツバキ文具店

幻冬舎文庫

ツバキ文具店の鎌倉案内

イラスト　しゅんしゅん
本文デザイン　児玉明子

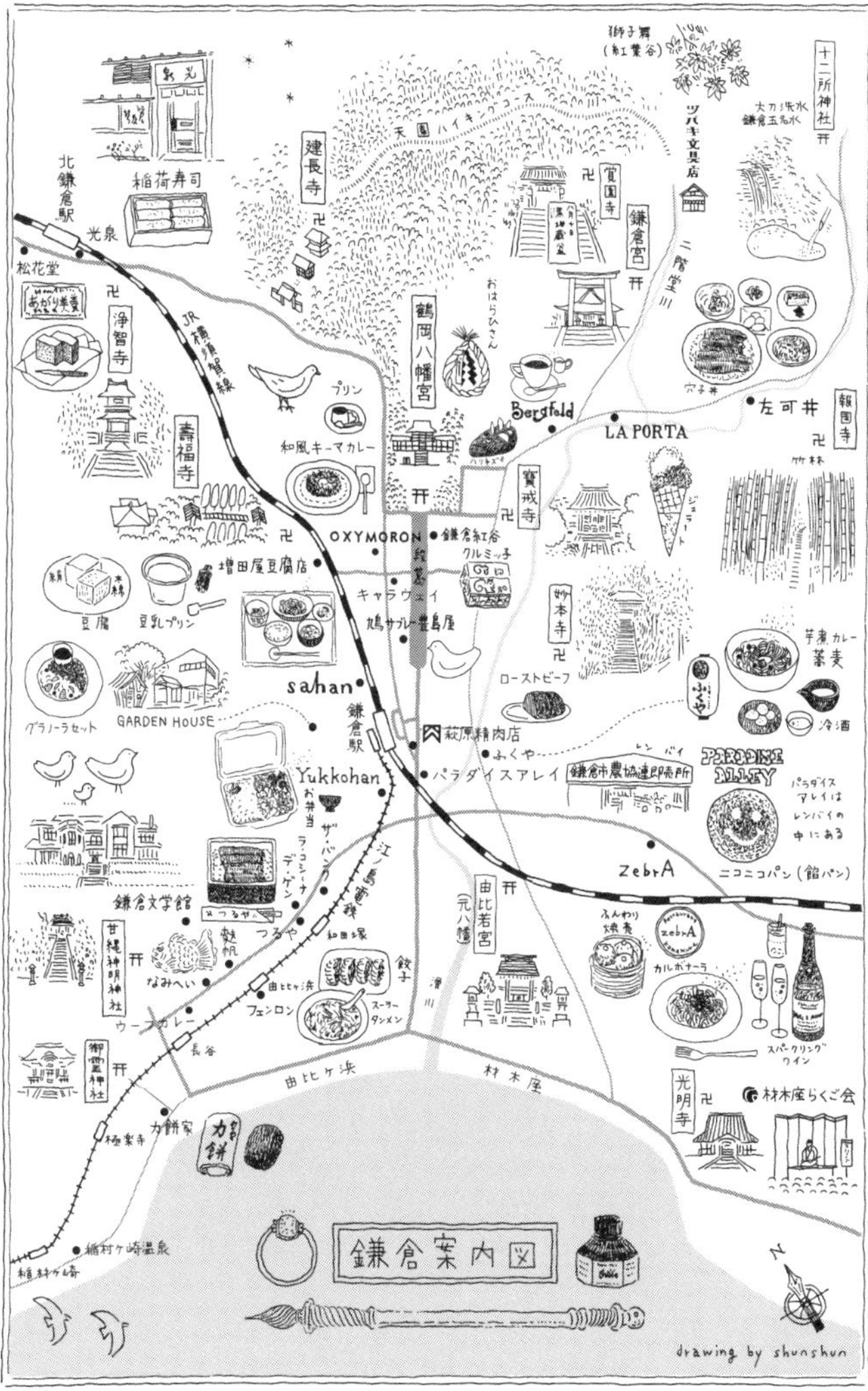

獅子舞（紅葉谷）
十二所神社
大刀洗水
鎌倉五名水
ツバキ文具店
天園ハイキングコース
建長寺
稲荷寿司
北鎌倉駅
光泉
松花堂
あがり羊羹
浄智寺
JR横須賀線
覚園寺
鎌倉宮
二階堂川
鶴岡八幡宮
おはらひさん
プリン
和風キーマカレー
Bergfeld
LA PORTA
左可井
穴子丼
報国寺
竹林
寿福寺
宝戒寺
ジェラート
OXYMORON
鎌倉紅谷
クルミッ子
段葛
増田屋豆腐店
キャラウェイ
鳩サブレー豊島屋
豆腐
豆乳プリン
妙本寺
芋煮カレー
蕎麦
ローストビーフ
sahan
鎌倉駅
グラノーラセット
GARDEN HOUSE
萩原精肉店
ふくや
冷酒
パラダイスアレイ
鎌倉市農協連即売所
PARADISE ALLEY
パラダイスアレイはレンバイの中にある
Yukkohan
お弁当
ザ・バンク
ラ・コシーナ
デゲン
江ノ島電鉄
zebrA
ニコニコパン（餡パン）
由比若宮
元八幡
鎌倉文学館
甘縄神明神社
つるや
和田塚
餃子
なみへい
由比ヶ浜
フェンロン
スーラータンメン
滑川
ふんわり焼売
カルボナーラ
スパークリングワイン
ウーフカレー
長谷
御霊神社
由比ヶ浜
材木座
光明寺
材木座らくご会
力餅家
力餅
極楽寺
稲村ケ崎温泉
稲村ケ崎
鎌倉案内図
drawing by shunshun

目次

鎌倉の小高い山のふもとにある
古くて小さな文房具屋「ツバキ文具店」。
店主である鳩子とご近所さんが、
毎日を過ごしている鎌倉を
一緒に歩いてみませんか。

ようこそ鎌倉へ

鎌倉駅
KAMAKURA STATION

鎌倉市農協連即売所（レンバイ）

鎌倉地元の農家で採れた、新鮮な野菜を売っている市場。

農家の人々が運営している鎌倉野菜の直売店で、昭和三年に始まった日本初のヨーロッパ式マルシェです。

ここでしか買えない野菜を求めて、いつもたくさんの人で賑わっています。

地元の人ももちろん利用していて、ここでばったり会ったバーバラ婦人とパンティーのおしゃべりから、新年会を兼ねた七福神めぐりが開催されることになりました。

さらに、そこにパンを買いに来た男爵も加わり、話が盛り上がりました。

行けばきっと顔見知りに会える、地元の人の大切な社交の場でもあります。

鎌倉市小町 1-13-10
Tel: 0467-44-3851
鎌倉駅東口から徒歩 5 分
営業時間: 8:00 〜 売り切れ次第閉店　不定休

パラダイスアレイ

通称レンバイ、鎌倉市農協連即売所。

その一角にある小さなパン屋さん。オススメは、餡パン。鳩子の好きな漉し餡です。

丸いパンの表面に白い粉でスマイルマークが描いてあり、鳩子たちは「ニコニコパン」と呼んでいます。中に小さく刻んだあまずっぱい杏子が入っています。

バーバラ婦人と海で食べようと買ったのに、食べるのを忘れてしまったため、バーバラ婦人の家の玄関のドアノブにさげておきました。ご近所さんへの差し入れです。

QPちゃんの大好物でもあります。

レンバイによるときは、いつも「ニコニコパン」を買って帰ります。

鎌倉市小町 1-13-10（レンバイ内）
Tel: 0467-84-7203
鎌倉駅東口から徒歩 5 分
営業時間：平日　9:00 ～ 19:00　土日　7:30 ～ 19:30
不定休

ガーデンハウス

お店の名の通り、緑の木々に囲まれたお庭のようなカフェです。
週末の朝、バーバラ婦人に朝ごはんのお誘いをいただいて、向かったのがこのお店。
天気がよければ、外のテラス席がオススメです。
鳩子たちも山の景色を眺めながら、外のテラス席でいただきました。
鳩子はトースト、バーバラ婦人はグラノーラのセットを頼みました。
夜はお酒もあって、窯《かま》で焼いたピザも楽しめます。
ライトアップもされ、また日中とは違う雰囲気《ふんいき》を楽しめます。
どちらの時間帯も、ぜひ行ってみてください。

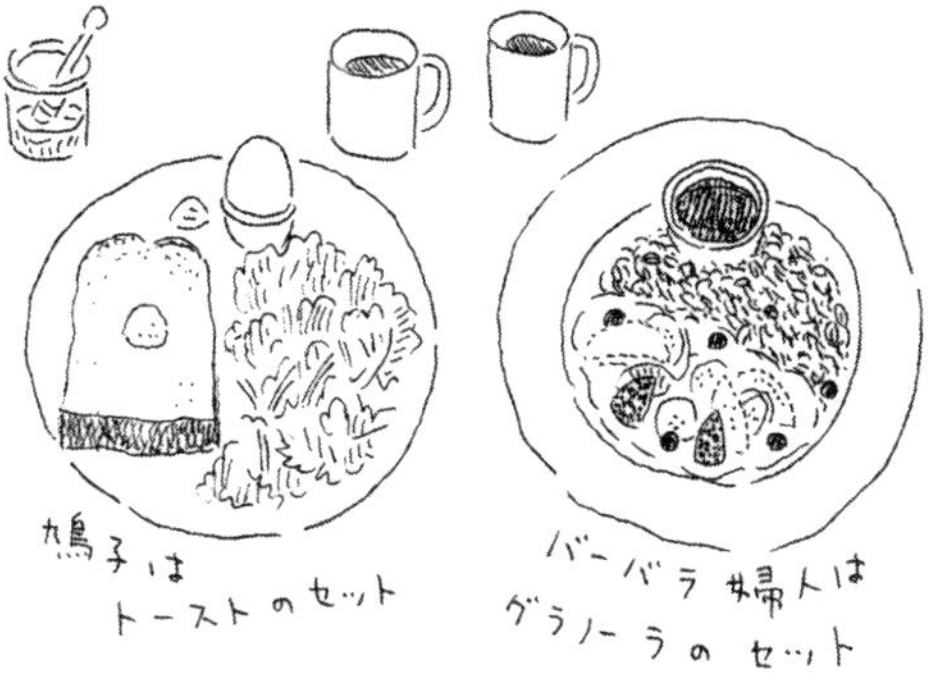

鎌倉市御成町15-46
Tel: 0467-81-5200
鎌倉駅西口から徒歩5分
営業時間：9:00〜22:00（LO21:00）　不定休

オクシモロン

守景さんと鳩子のはじめてのデート、いえ、偵察《ていさつ》に行ったカレー屋さんです。

自分のお店でカレーを出そうと考えた守景さんは、メニュー考案のためにカレー屋さんをめぐることにしたのです。

鎌倉にはたくさんカレー屋さんがありますが、こちらは若者に人気のお店。とてもおしゃれで、守景さんはひとりで来るのをためらってしまったそう。

お店の看板メニューは、スパイスたっぷりの和風キーマカレー。鳩子たちは、看板メニューとチキンカレーをオーダーして、ＱＰちゃんと三人で分け合いました。

ＱＰちゃんリクエストのプリンも絶品です。

小町通りのほかに裏駅にもあります。

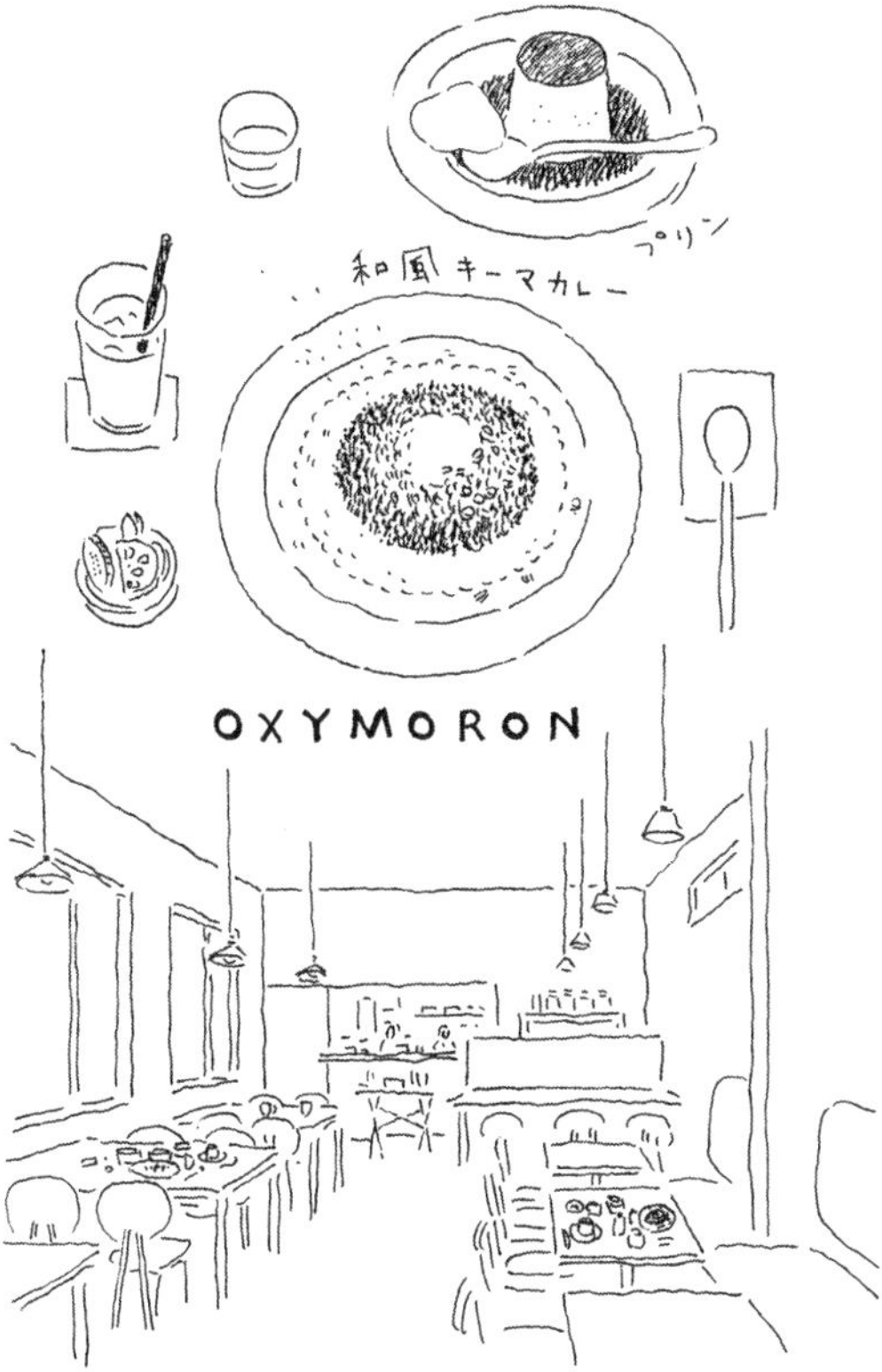

鎌倉市雪ノ下1-5-38 2F
Tel: 0467-73-8626
鎌倉駅東口から徒歩7分
営業時間: 11:00～18:00（LO17:30）　水曜定休（祝日の場合は翌木曜休）

壽福寺

先代が鎌倉で一番好きだった場所です。

ものすごく厳しくて、辛い思い出ばかりだと思っていたけれど、守景さんとQPちゃんと訪れた際に、昔ここの坂で先代におんぶしてもらったことを鳩子は思い出します。

生きている間にもう一度一緒に来られていたら、と後悔してしまいますが、守景さんの「失くしたものを追い求めるより、今、手のひらに残っているものを大事にすればいいんだって。それに、誰かにおんぶしてもらったなら、今度は誰かをおんぶしてあげればいい」という言葉に救われます。

中門の前で振り返って見る景色が最高です。

鳩子は、ここで、今度は誰をおんぶするのでしょうか。

誰にでも、きっといい思い出はあるのです。

鎌倉市扇ガ谷1-17-7
Tel: 0467-22-6607
鎌倉駅西口から徒歩10分

サハン

横須賀線の鎌倉駅のホームから見えるカフェ。店名のサハンとは、日常のごくありふれたこと、の意味とか。

お茶の時間もいいですが、オススメは週ごとにメニューが変わる定食です。季節を感じられる丁寧に作られた定食が食べられます。

パンの週とご飯の週がありますが、鳩子は断然、ご飯党。

文通相手に先代が送った手紙を読むとき、ひとりで家で読む勇気がなく、選んだのがこのお店です。この日、鳩子がいただいたのは、白菜とネギの春巻きの定食でした。

女性店主がやっていて、ひとりでも入りやすく、とっても居心地がよいので、この場所を選んだのは大正解でした。

ここで鳩子は、先代と向き合うことができました。

お茶とごはん sahan

鎌倉市御成町13-38 荻原ビル2F
Tel: 0467-24-6182
鎌倉駅西口から徒歩2分
営業時間：11:30〜21:00（LO20:15） 水曜・木曜定休

光明寺

ご近所のお魚屋さん「魚福」の奥さんからチケットをもらって、鳩子が落語を聴きに来たお寺です。

鎌倉で最も大きいとされる壮大な山門があります。

御本尊・阿弥陀如来の前に金屏風と台で高座を造り、そこに落語家が座ってしゃべります。

材木座らくご会が、ここ光明寺で誰もが気軽に来られる落語会を不定期で企画しています。

この落語会に来ていた男爵と、鳩子は鉢合わせ。

そのあと、「ラ・コシーナ・デ・ゲン」「つるや」「ザ・バンク」と三軒もはしごしてしまいました。

大人の粋な遊び方を男爵に教えてもらった夜でした。

鎌倉市材木座6-17-19
鎌倉駅東口からバス「光明寺前」下車徒歩１分
Tel: 0467-22-0603
拝観時間：7:30～16:00（夏季6:00～17:00）

つるや

「借金お断り」の代書のお礼に、男爵が鳩子にごちそうしてくれた鰻屋さん。創業は昭和四年、川端康成《かわばたやすなり》や小林秀雄《こばやしひでお》など多くの文豪たちも通った名店です。

男爵が注文した「二世帯住宅」は、ご飯の上だけではなく、中にもう一枚、蒲焼きが隠されています。

正式なメニュー名は、「二段中入れ重」。たまには、こんな贅《ぜい》沢《たく》もいいものですね。

鳩子も、小学校の入学や七五三のお祝い、高校入試の合格などの節目には、きまってここ「つるや」でお祝いをしました。ちなみに、先代がスシ子おばさんに離婚をすすめたのも、この二階。

地元の人でいつもいっぱいの、長く愛されているお店です。

鎌倉市由比ガ浜3-3-27
Tel: 0467-22-0727
江ノ電和田塚駅から徒歩2分
営業時間：11:30～19:00　火曜定休（祝日の場合は営業）

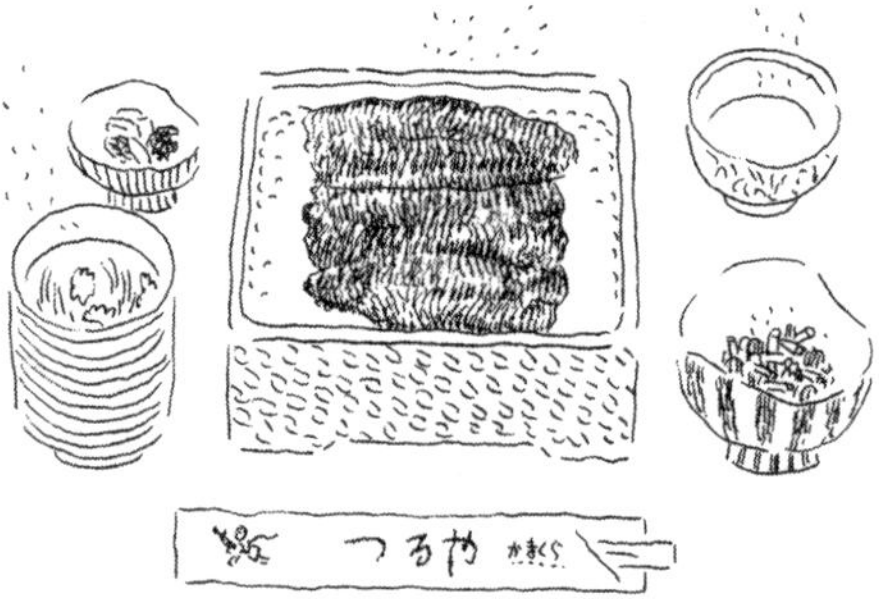

鰻は注文してから少し時間がかかります。別注文ですが、鰻の肝の佃煮「肝つく」も絶品。これを肴にお酒を頂きながら、ゆっくり待ってみては。

お店はいつもたくさんのお客さんで賑わっていますので、予約されることをオススメします。地元の方にも長く愛されていて、男爵のような和装の常連さんにも出会えるかもしれません。

鶴岡八幡宮

鎌倉幕府をひらいた源頼朝ゆかりの神社です。

「八」の字が、二羽の鳩が寄り添う形とされていて、鳩子の名前の由来でもあります。

そのため、物心がついた頃から、みんなにポッポちゃんと呼ばれています。

八幡様から海のほうにまっすぐ向かっている段葛《だんかずら》は、源頼朝が北条政子の安産を祈願《きがん》して造った参道。

鳩子が子どもの頃は、先代が八幡様におしりを向けて歩くなどもってのほかと、海のほうへ向かって歩くことは許されませんでした。

夜の八幡様はライトアップされて、日中とは異なる雰囲気でなんだか竜宮城みたいです。

鶴岡八幡宮では、6月30日と12月31日の年2回、「大祓(おおはらえ)」が行われます。日々の生活の中でつく穢れを、祓い清めるための儀式です。6月30日の夏越しの祓で配られるおはらひさんには水色のひらひらが、12月31日の年越しの祓で配られるおはらひさんには赤のひらひらがついています。ツバキ文具店の玄関先にもぶら下げてあります。

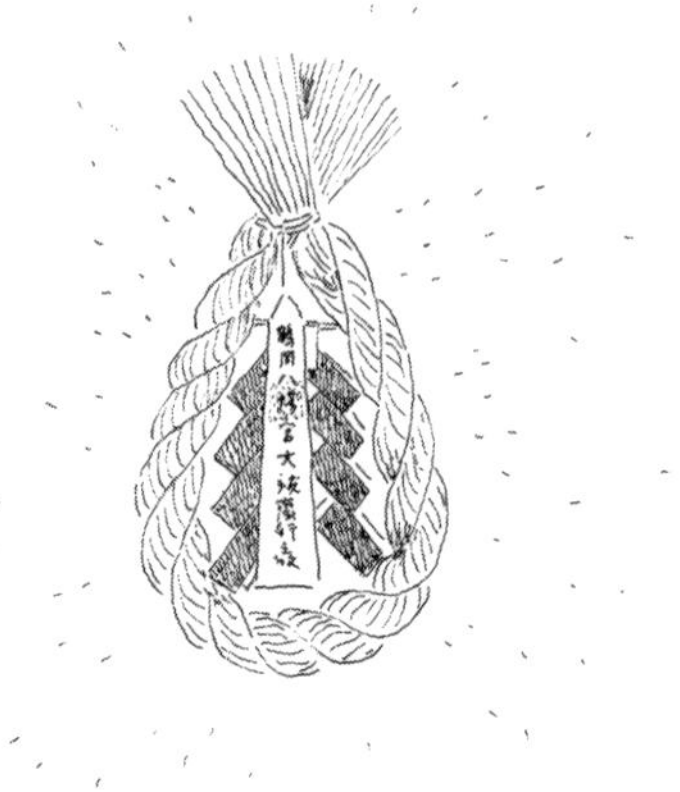

鎌倉市雪ノ下2-1-31
Tel: 0467-22-0315
鎌倉駅東口から徒歩10分
拝観時間：6:00～20:30

ラ・コシーナ・デ・ゲン

男爵に連れていってもらった「つるや」の斜め前にあるお店です。

「ゲンの台所」という店名の、ガラス張りでおしゃれなスペイン料理のお店です。

「つるや」さんは、注文してから少し時間がかかるため、待っている間ここで前菜をいただきました。

オーダーしたのは、お酒と生ハムとバーニャカウダ、カタクチイワシの唐揚げ。

「腹がいっぱいになると鰻が入らなくなる」と男爵に注意され、残念ながら鳩子は窯で焼いたパンや手作りピザは食べられませんでしたが、こちらもとっても美味しそうです。

次は、一軒めに来て、たくさん好きなものを食べたいですね。

鎌倉市由比ガ浜1-12-7
Tel: 0467-38-5441
鎌倉駅から徒歩15分、または江ノ電和田塚駅から徒歩2分
営業時間:平日　11:30～15:00　17:30～22:00　土日祝　11:30～17:00　18:00～21:00　水曜・第2火曜定休（祝日の場合は営業）

ザ・バンク

その名の通り、もともとは銀行でした。建物の上のほうに、「由比ヶ浜出張所」という名前もまだ残されています。

一九二八年に鎌倉銀行由比ガ浜出張所として建てられたものを改装し、大人のバーとしてオープンしました。

「つるや」で鰻をごちそうになった後、「あと一軒」、と男爵に連れてきてもらったお店です。

小さなお店の中には、かつてお金の受け渡しをしていたと思われるどっしりとしたカウンターが残っています。

男爵のお気に入りは、「サンブーカ・コン・モスカ」。サンブーカというお酒に、コーヒー豆を入れたものです。鳩子は、柚《ゆ》子《ず》と甘夏《あまなつ》をシャンパンで割った季節のカクテルをオーダーしました。男爵とパンティーの出会いの場でもあります。

THE BANK
鳩子は
柚子と
甘夏を
シャンパンで
割った
季節の
カクテル
SAMBUCA
男爵は、サンブーカ・コン・モスカ

鎌倉市由比ガ浜3-1-1
Tel: 0467-40-5090
鎌倉駅西口から徒歩7分、または江ノ電和田塚駅から徒歩1分
営業時間: 17:00 〜 翌1:00（火〜金）、15:00 〜 翌1:00（土・日）
月曜、第3・4火曜定休

浄智寺

北鎌倉駅前で待ち合わせをした鳩子たちが、新年会を兼ねた七福神めぐりで最初に訪れたお寺です。

杉木立に囲まれた長い石段をせっせと上って、鳩子たちが向かったのは境内の裏手にある布袋様。

お腹をなでると、心身が健康になるといわれています。

鐘楼門へと向かう石段も見所のひとつですが、一番若いのに鳩子は息があがってしまいました。

バーバラ婦人も男爵も、みなさん、とってもお元気です。

先はまだまだ長いですよ！

鎌倉市山ノ内1402
Tel: 0467-22-3943
北鎌倉駅から徒歩6分
拝観時間：9:00〜16:30

光泉

稲荷寿司とのり巻きの専門店。

ご近所さんで七福神めぐりをするときに、男爵がお昼ごはんにと予約をしておいてくれました。

中身は酢飯だけのシンプルなお稲荷さんで、しっとりと甘辛く炊かれた薄いお揚げの中に、硬めのご飯つぶがつまっています。

みんなの疲れも、一気に吹き飛ぶ美味しさです。

映画監督の小津安二郎《おづやすじろう》さんも好んで食べていたそうです。

お持ち帰りのみになります。鳩子たちは、七福神めぐりの途中で食べる場所が見つからず、結局、一番近い「ツバキ文具店」でいただくことにしました。

売り切れることも多いので、予約がオススメです。

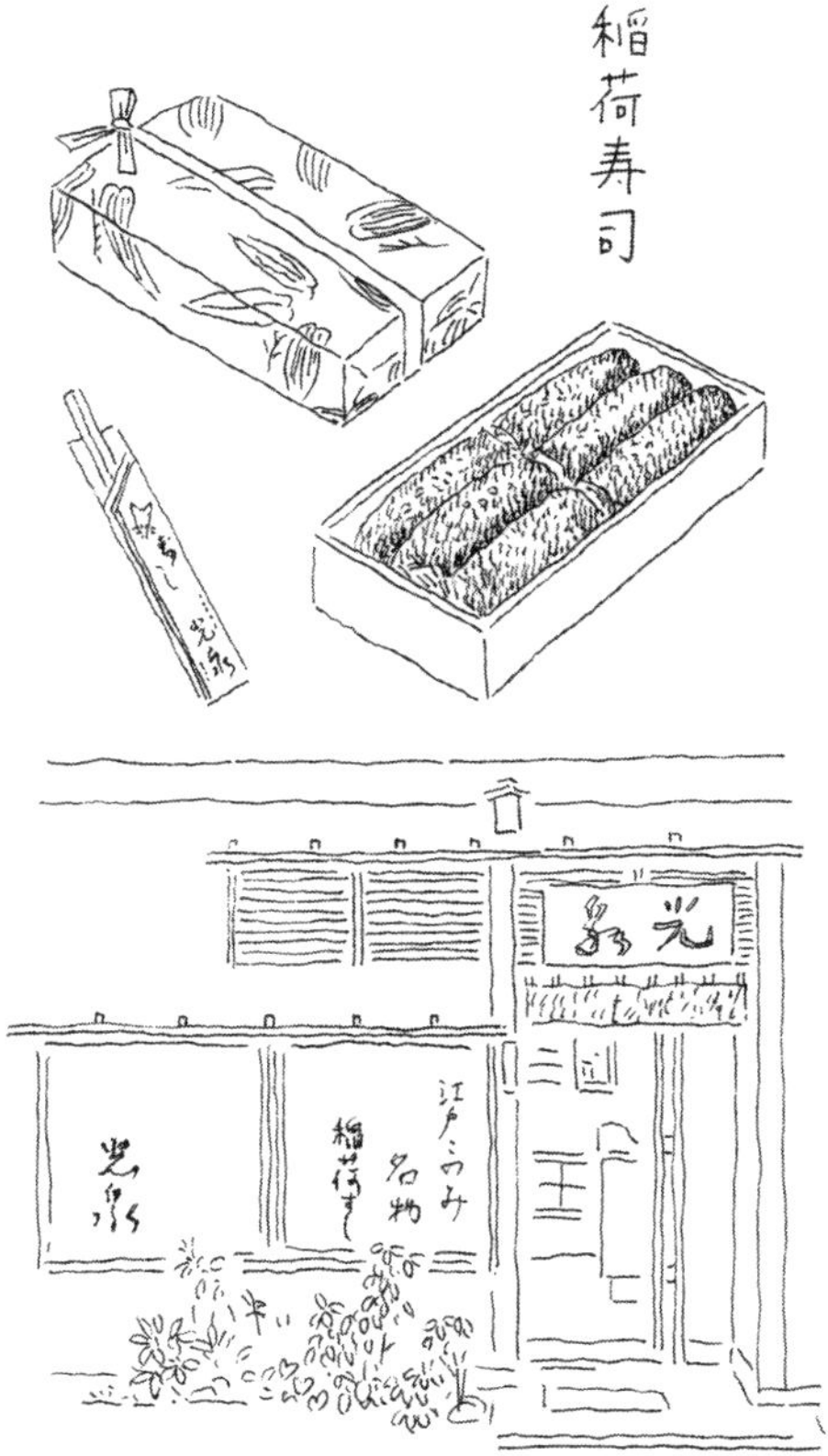

鎌倉市山ノ内501
Tel: 0467-22-1719
北鎌倉駅下車すぐ
営業時間：10:00〜16:00（売り切れ次第閉店）　火曜定休

建長寺

鎌倉が誇るとても美しい禅寺で、鎌倉五山の一位に認定されています。桜の名所としても有名です。

境内は裏山に続いていて、天園ハイキングコースの入り口につながっています。

男爵と鳩子たちも、このコースを通って、七福神めぐりをしました。

建長寺は敷地が広く、歩いても歩いても入り口にたどり着きません。一番若い鳩子が早々に音《ね》をあげて、バーバラ婦人から飴玉をもらう始末です。

ハイキングコースの入り口は展望台になっていて、鎌倉が一望できます。

でも、ここからがハイキングのスタートです。

鎌倉市山ノ内8
Tel: 0467-22-0981
北鎌倉駅から徒歩20分、または鎌倉駅からバス「建長寺」下車徒歩1分
拝観時間：8:30〜16:30

鎌倉宮

鎌倉幕府打倒に尽力した護良《もりなが》親王をまつる神社。

神社の裏手には、護良親王が幽閉《ゆうへい》されていたと伝えられる土牢跡があり、いまも見ることができます。

鳩子たちは七福神めぐりでここに立ち寄り、災難を除くという厄割り石を体験しました。

かわらけと呼ばれる薄いお皿のようなものに息を吹きかけ、悪いものをそこに移したら、石に向かって思いっきり投げつけます。

この近所で生まれ育った鳩子も、厄割り石ははじめて。

一番いい音を立てて割ったのは、バーバラ婦人でした。

災いがなくなり、みんなが幸せに暮らせますように。

鎌倉宮
『厄割り石』
「かわらけ」に息を吹きかけ
自分の中にある厄をのせます。
「厄割り石」めがけて、
「かわらけ」を投げ、厄を割ります。

鎌倉市二階堂154
Tel: 0467-22-0318
鎌倉駅東口からバス「大塔宮」下車徒歩3分
拝観時間: 9:30～16:30

ベルグフェルド　カマクラ

子どもの頃、鳩子の憧れだったドイツパンのお店です。先代が甘いお菓子、とりわけ洋菓子を食べさせてくれなかったので、小学校の帰り道、じーっとショーケースに並んでいるハリネズミのケーキを見つめていました。そんな鳩子も、いまでは３つもまとめて大人買いです。

七福神めぐりの途中で、コーヒーが飲みたいという男爵と一緒に、みんなで立ち寄ったお店です。

ここでパンを、隣のソーセージ屋さんでコロッケやソーセージを買い、家に帰って自分の好きなサンドイッチを作るのが鳩子の定番です。

鳩子はカニクリームコロッケサンド、ＱＰちゃんはホットドッグです。

Bergfeld

鎌倉市雪ノ下3-9-24
Tel: 0467-24-2706
鶴岡八幡宮から徒歩7分、または鎌倉駅からバス「岐れ道」下車すぐ
営業時間: bakery 9:00 〜 18:30、cafe 10:30 〜 18:30
火曜・第3月曜定休　9月から火曜、第1・3月曜定休

稲村ヶ崎温泉「黄金の湯」

七福神めぐりの途中で雨が降ってしまったため、冷えた体を温めるために、男爵とパンティーが向かった温泉。

湯の色が褐色がかった黄金色なのが、名前の由来です。

二〇一七年の秋にリニューアルして、お風呂から海も見えるようになりました。

昼間は海が一望でき、夜は江ノ島の夜景も楽しめます。

男爵とパンティーの二人が、結婚するきっかけになったのがこの温泉です。

鳩子も誘われましたが、稲村ヶ崎まで行ってしまうと帰るのが大変なので辞退しました。

もし、鳩子も一緒に行っていたら、男爵とパンティーの関係はどうなっていたのでしょうか。

鎌倉市稲村ガ崎1-16-13
Tel: 0467-22-7199
江ノ電稲村ヶ崎駅から徒歩3分
営業時間：9:00〜21:00（最終受付20:00）　無休

ふくや

山形の郷土料理を味わえる、カウンターだけの小さなお店。地元の人でいつも賑わっていますが、女性ひとりでも入りやすいお店です。

男爵から「借金お断り」の代書を頼まれた鳩子は、気分転換にひとりこちらに立ち寄りました。

玉こんにゃくをおつまみに冷酒を飲みながら、手紙の文面を考えます。

そして、〆にお店の名物・芋煮カレー蕎麦をいただいているとき、手紙の出だしの言葉「御手紙拝読　我が方も金欠により、金を貸すことは一切できん」が浮かびました。

由比ガ浜の六地蔵の近くには、宿泊施設「ホステル由比ヶ浜」と併設した「蕎麦バーふくや」もあります。

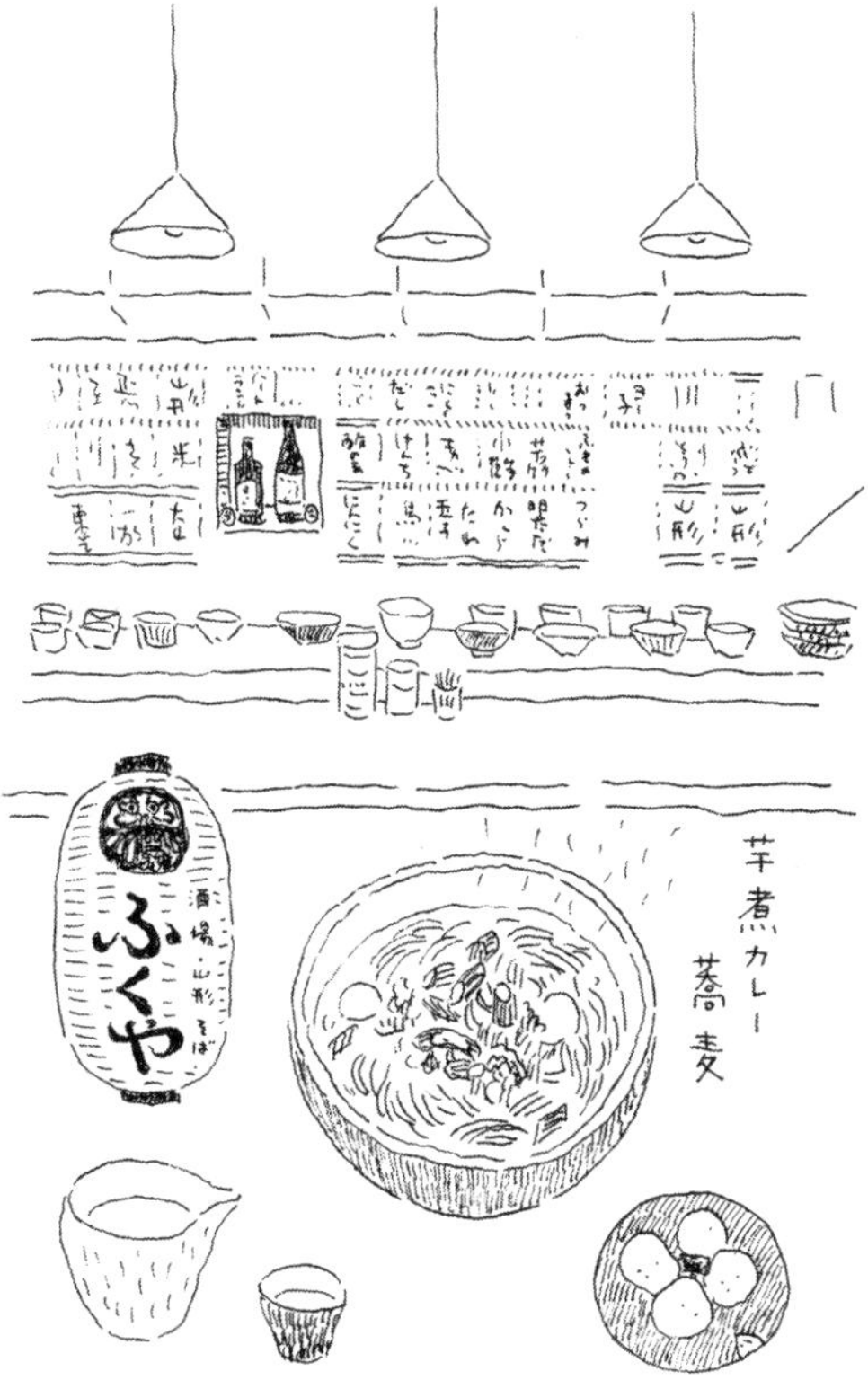

鎌倉市大町1-6-23
Tel: 0467-53-7192
鎌倉駅東口から徒歩5分
営業時間: 11:30〜15:00、18:00〜22:00（LO21:30）
月曜・火曜定休

由比若宮

材木座にあるこの素朴な神社は、最初に八幡様が置かれたところで、元八幡とも呼ばれています。

小さな社を取り囲むように、鬱蒼《うっそう》というべきか雑然というべきかジャングルのように木々が生い茂っています。

雨宮家の初詣はかならずここ。先代が生きていた頃は、毎年元旦に家でお雑煮を食べると、連れ立ってこの神社に詣でました。

ツバキ文具店の入り口にある藪椿《やぶつばき》も、元はこの由比若宮にある大木の挿し木だったとか。

お神酒《みき》をいただく白い器の中央には、うっすらと鳩の模様が浮かんでいて、このときに自分が使ったものをそのままいただくことができます。雨宮家には何枚もあります。

鎌倉市材木座1-7
鎌倉駅から徒歩15分、または鎌倉駅東口からバス「元八幡」下車徒歩1分

ゼブラ

ＱＰちゃんの小学校入学祝いと、守景さんと鳩子の入籍祝いをした大切なお店です。新生モリカゲ家の誕生日です。

大人はスパークリングワイン、ＱＰちゃんは季節のフルーツたっぷりのスカッシュで乾杯。

みんなで好きなものを注文します。ゼブラサラダ、ふんわり焼売、自家製オイルサーディン、小海老とクワイの塩炒めレタス包み、野菜たっぷり蟹《かに》あんかけご飯に、名物のカルボナーラ……。

鳩子さん、お祝いだからって、ちょっと頼みすぎじゃないですか。

子どもから年配の方まで、誰もが楽しめる、とっても美味しいお店です。

鎌倉市大町 2-15-1
Tel: 0467-40-6656
鎌倉駅東口から徒歩 13 分
営業時間: 11:30 ～ 14:00 (LO13:30)、18:00 ～ 22:00 (LO21:30)
月曜定休（月曜祝日は営業、木曜代休）

紅葉谷

鎌倉の隠れた紅葉の名所。獅子舞《ししまい》とも呼ばれています。

ミツローさんが行ったことがないというので、三人でおでかけです。

二階堂川に沿って、舗装されていない山道を二十分ほど歩くと、突如、開けた場所にたどり着きます。そこが、獅子舞です。

人の手が入ったお寺の紅葉もいいけれど、ここでは自然の紅葉が見られます。木漏れ日が射すと、木々の色が様々に変化します。

QPちゃんも、色鮮やかな葉っぱの絨毯《じゅうたん》に大興奮です。

先代は、嫌なことがあると、ここ紅葉谷で思いっきり叫んでいたそうです。

いったい何を叫んでいたのでしょうか。

鎌倉市二階堂
鎌倉駅からバス「大塔宮」下車徒歩40分

太刀洗水

十二所《じゅうにそ》神社にある太刀洗。

お侍さんが人を斬《き》ったあとに、この泉で血のついた刀を洗ったのがこの名前の由来です。

湧き水が崖の上から細い竹筒を通って流れてきます。

鎌倉五名水のひとつ。五名水といっても、現役で使われているのは、ここと銭洗弁天だけです。

先代がいた頃は、毎年湧き水をペットボトルに入れて持ち帰り、その若水で書き初めをしていました。

鳩子は数年ぶりの書き初めに挑みました。

書いたのは、「春苦み、夏は酢の物、秋辛み、冬は油と心して食え」。

台所の壁に貼り付けてある、先代が書いた標語でした。

鎌倉市十二所285
鎌倉駅東口からバス「十二所神社」下車すぐ

左《さ》可《か》井《い》

先代が自分へのご褒美に、美味しいものが食べたいとき、ひとり来ていたのがこの穴子丼のお店。

浄妙寺の杉本観音前の閑静な住宅街にある一軒家です。

守景さんと喧嘩をしてしまった鳩子は、汁椀と小鉢と卵焼きがつく穴子丼のセットを頼みました。卯《う》の花《はな》炒り、きゅうりの塩もみ、お味噌汁、花豆の蜜煮、昆布の佃煮。

そして、きわめつけは卵焼きです。甘くて、しっかりとした弾力があって、先代が作ってくれた卵焼きと瓜二つです。

もちろん、ふわりと柔らかく炊き上げ、ほどよく脂ののった穴子も絶品です。

今度は、守景さんとＱＰちゃんと仲良く一緒に来てくださいね。

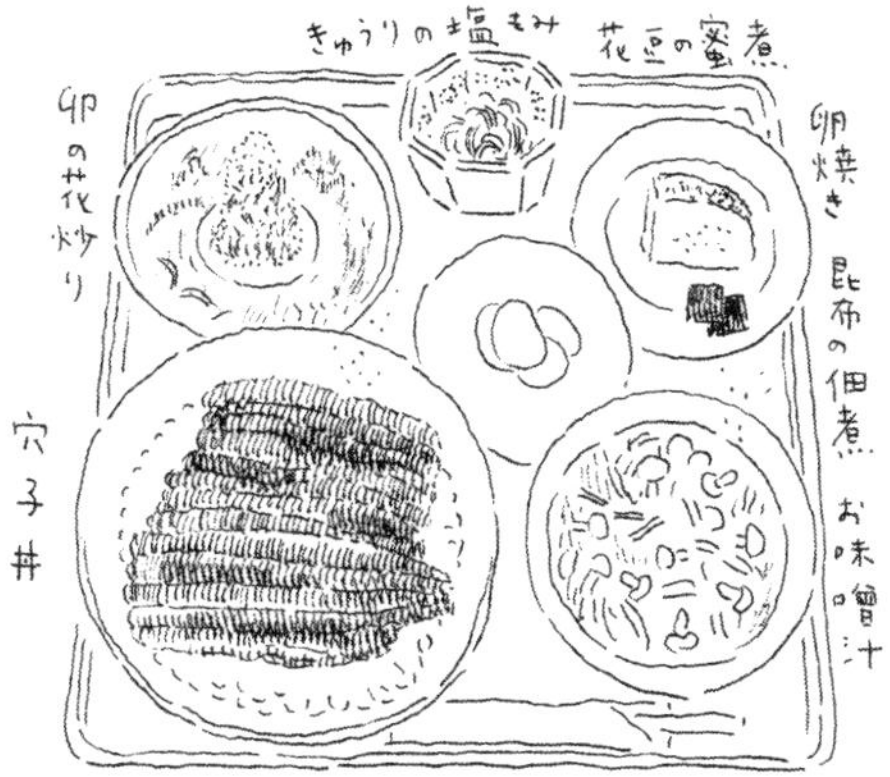

鎌倉市浄明寺2-1-31
Tel: 0467-24-7759
鎌倉駅からバス「杉本観音」下車徒歩3分
営業時間：11:30 〜 15:00（LO14:30）　火曜、第１・３水曜定休

報国寺

竹が有名な禅寺。

日曜日の朝に坐禅会も行っていて、鳩子も参加したことがあります。

守景さんとはじめて喧嘩をした鳩子は、左可井に行った帰りに、まだ家に帰りたくなくて、このお寺をひとり訪れます。

拝観料と抹茶代を支払うと、竹の庭を前にして、抹茶を点ててもらえます。

抹茶をいただきながら、まっすぐな竹林を眺めているうちに、ざわざわしていた鳩子の心がなんだか落ち着いていきました。あるがままに生きればいいのだと、竹に教えてもらった気がしました。

鳩子、そろそろ、家に帰りませんか？

鎌倉市浄明寺2-7-4
Tel: 0467-22-0762
鎌倉駅東口からバス「浄明寺」下車徒歩3分
拝観時間: 9:00～16:00

ラ・ポルタ

鎌倉の夏はとっても暑いです。

そのため、鳩子は夕食後に散歩に出ます。

散歩のお目当ては、イタリアンレストランのラ・ポルタの手作りジェラート。

マンゴー、キウイ、パイナップルなどの季節の果物やかぼちゃなどの野菜を使ったジェラートもあります。

マダガスカル産のバニラ、珍しいものではオリーブオイルのジェラートも。

鳩子とＱＰちゃんはコーン派、守景さんはカップ派です。

店の前に置いてあるベンチに座って、ＱＰちゃんと話しながらジェラートを食べるのが最近の鳩子の楽しみです。

それだけで、鳩子はとても幸せな気持ちになれます。

鎌倉市雪ノ下4-3-20
Tel: 0467-55-9828
鎌倉駅から徒歩20分、またはバス「岐れ道」下車徒歩1分
営業時間：11:30～14:30　17:30～21:00　水曜定休

寶《ほう》戒《かい》寺

天園ハイキングコースを通り、建長寺の裏手に出て、寶戒寺に向かいます。

このお寺はかつて執権《しっけん》である北条氏のお屋敷だったところです。

ここでは、福の神様である毘沙門天様をお参りします。

境内には四季を通じて、さまざまな花が咲いていて、鳩子たちが訪れた頃は、本堂前に咲く枝垂れ梅が見事でした。

萩の寺としても有名で、秋には、バーバラ婦人オススメの白い萩が見られます。

その頃に、またみんなで来られるといいですね。

鎌倉市小町 3-5-22
Tel: 0467-22-5512
鎌倉駅東口から徒歩13分、または鎌倉駅からバス「大学前」下車徒歩2分
拝観時間：8:00～16:30

クルミッ子

いま、鎌倉で人気のお土産が、鎌倉紅谷のお菓子クルミッ子。自家製のキャラメルに、クルミを詰め込んで、バターの生地で挟み込みます。

パッケージには、かわいいリスのイラストが描かれています。実は、鎌倉には野生のリスがたくさん生息していて、町を歩いていても、度々目にすることができます。

ミツローさんの実家に挨拶に行くとき、鳩子はクルミッ子と美鈴の和菓子と迷った挙句、最終的には王道中の王道である鳩サブレーを持っていくことにしました。

次に遊びに行くときは、クルミッ子もお願いします！

きっと、おばあちゃんも、雷音君も、家族みんな大喜びです。

鎌倉市雪ノ下1-12-4
Tel: 0467-22-3492
鎌倉駅東口から徒歩7分
営業時間: 平日：9:30 ～ 17:30　土日祝：9:30 ～ 18:00　年中無休

増田屋豆腐店

「鎌倉にはお豆腐屋さんが少ない」、と生前先代が嘆いていましたが、鳩子、やっと美味しいお豆腐屋さんを見つけました。

昔ながらのお店で、地元の人が持参したお鍋や容器にお豆腐を入れてくれます。

週にたった二日の営業です。

鳩子は絹派、ミツローさんは木綿派なので、一丁ずつ購入して、夕飯の湯豆腐にも仲良く半分ずつ入れることにしています。

シンプルな豆乳プリンも名物で、鳩子も豆腐とがんもどきと一緒に買いました。

ミツローさんとＱＰちゃんが、鳩子と一緒に暮らすことになったので、豆乳プリンは、バーバラ婦人への引越しのご挨拶です。

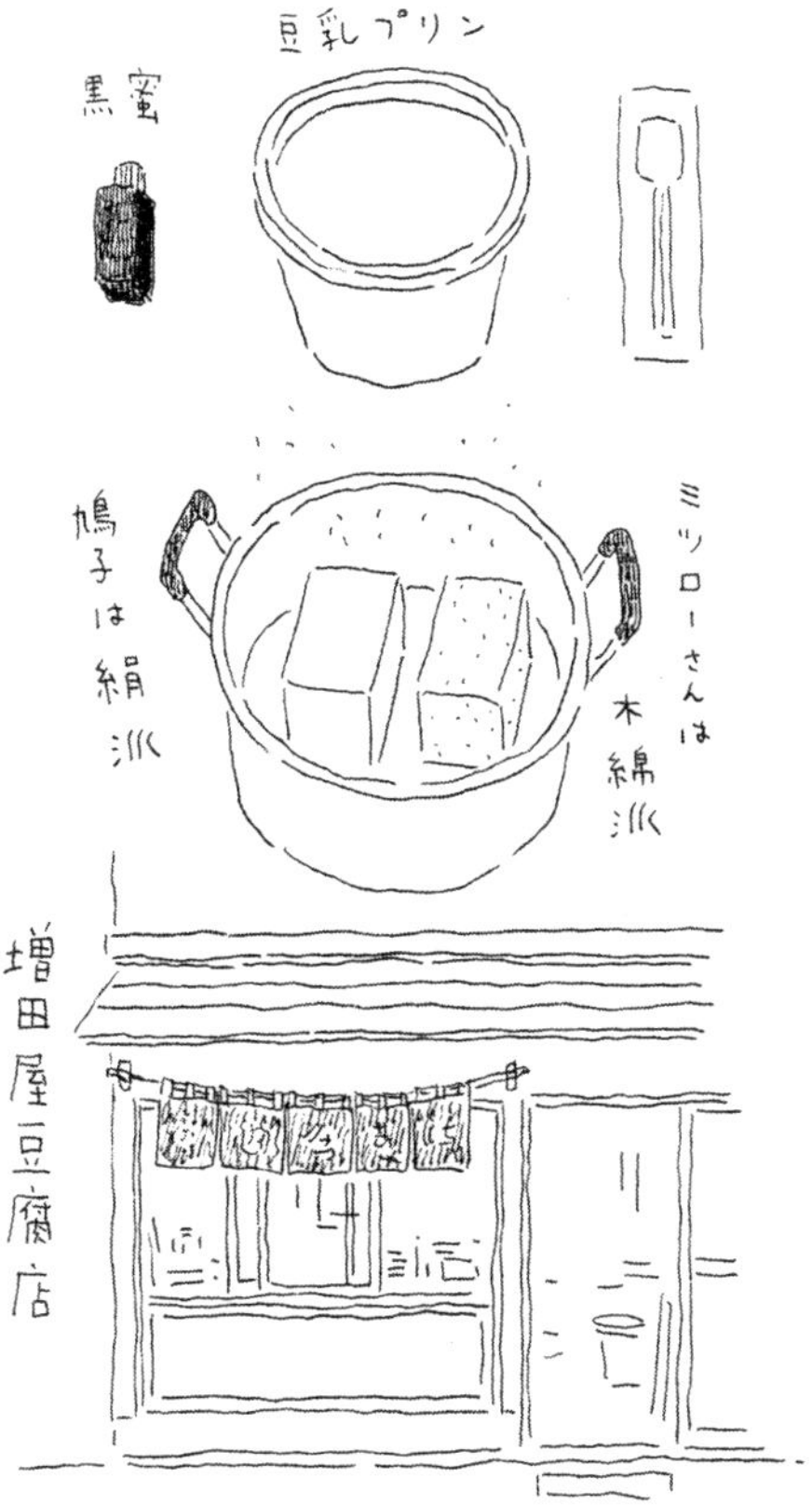

鎌倉市扇ガ谷1-14-4
Tel: 0467-22-3503
鎌倉駅西口から徒歩7分
営業時間: 6:00 〜売り切れ次第終了　水曜・土曜のみ営業

キャラウェイ

いま、鎌倉にはたくさんのカレー屋さんがありますが、その中でもこのお店は、一九七七年のオープン以来、不動の人気を誇っています。

観光地なのに、とっても手ごろな価格で、サラダ付きのボリュームたっぷりのカレーを提供。

テーブルには、四つのトッピングが用意されているので、最後まで飽きずに楽しめます。

子どもからお年寄りまで楽しめる、何回でも食べたくなる、昔ながらの味です。

そんな味を求めて、お店はいつも地元の人でいっぱいです。

守景さんと鳩子の偵察という名のデート。「オクシモロン」の次は、「キャラウェイ」だったかもしれませんね。

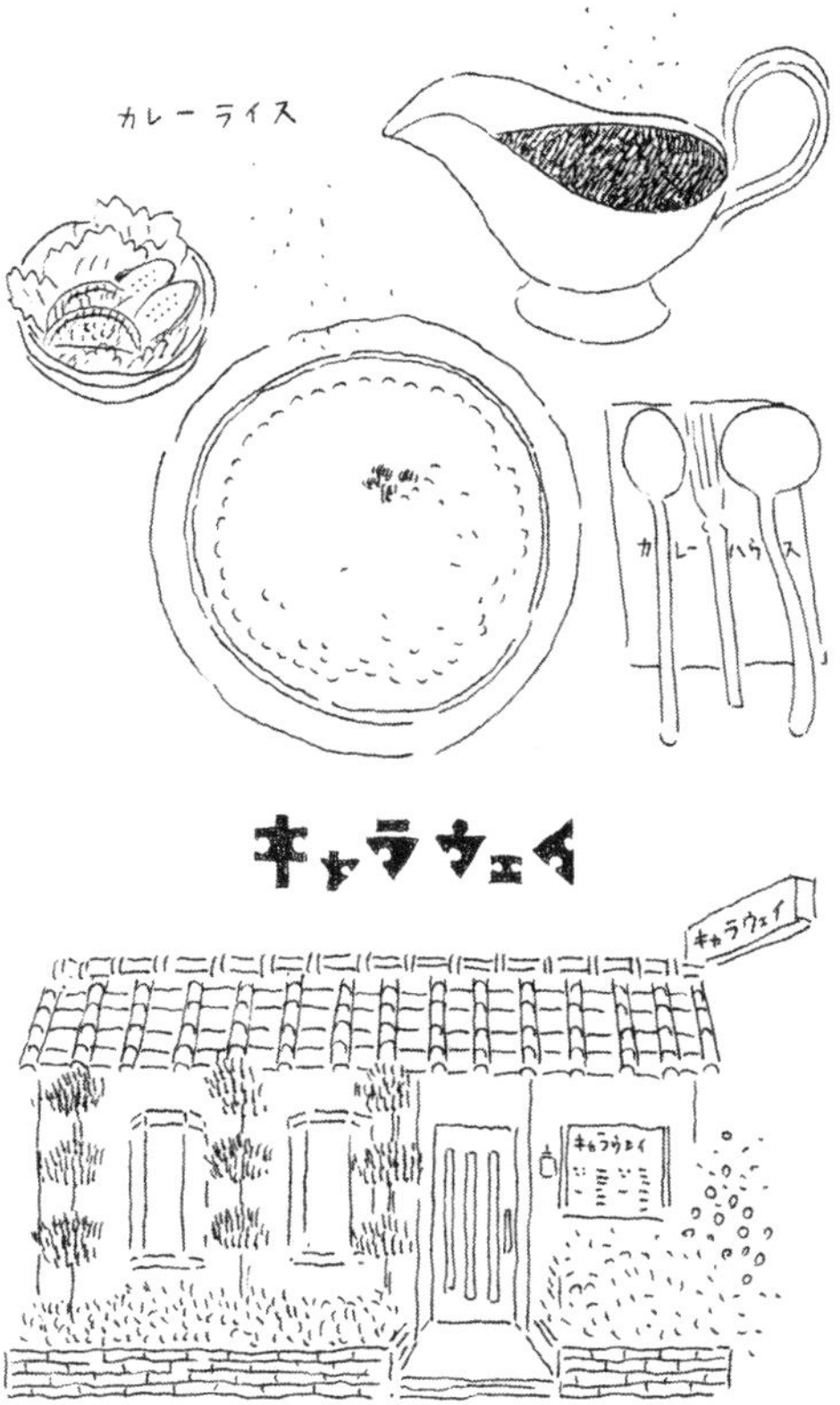

鎌倉市小町 2-12-20
Tel: 0467-25-0927
鎌倉駅東口から徒歩 7 分
営業時間: 11:30〜19:30　月曜定休（月曜祝日は営業・火曜代休）

鳩サブレー

鎌倉のお土産といえば、鳩サブレー。

面接に使う履歴書の書き方を指南したお礼にと、鳩子もたくさんの鳩サブレーをいただきました。

冷たい牛乳に浸して食べるのが、ＱＰちゃんのお気に入りの食べ方。おやつに美味しくいただいています。

明治時代に発売された当初は、なんと「鳩三郎」という名前だったそうです。それから百年以上、ずっとみんなに愛されています。

鳩の絵が大きく描かれた黄色い缶が空いたら、ＱＰちゃんの文房具入れになる予定です。

ミツローさんの実家に挨拶に行くとき、鳩子は迷った挙句、鳩サブレーをお土産に持っていくことにしました。

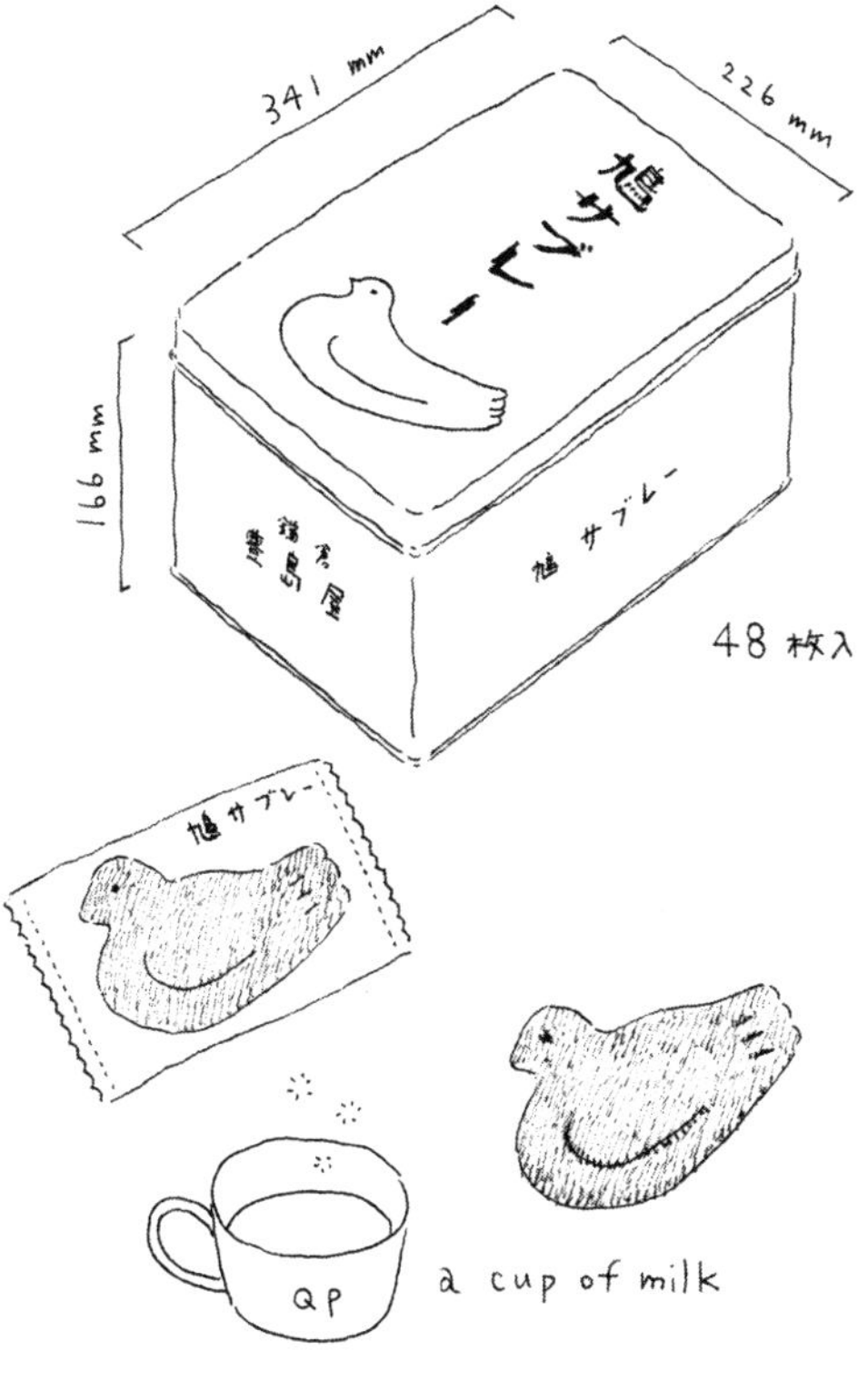

鎌倉市小町 2-11-19
Tel: 0467-25-0810
営業時間：9：00 〜 19：00　水曜不定期休み

ユッコハン

バーバラ婦人から、以前、鳩子が分けてもらったお弁当屋さんです。

今日のメニューは、豚の生姜焼に鯖《さば》の青のりあげ、鶏とズッキーニのケチャップ炒めに、野菜の煮物。キャベツとトマトのクリームチーズサラダなんてのもあります。

手作りで優しい味のおかずがたくさんで、迷ってしまいそうです。

鳩子は、店主ゆっこさんのおまかせにしました。

毎日自分で作りたいと思っても、疲れた日には、誰かが丁寧に作ってくれたお料理を買って帰るのもいいものです。

今日は、「お母さん業」お休みです。

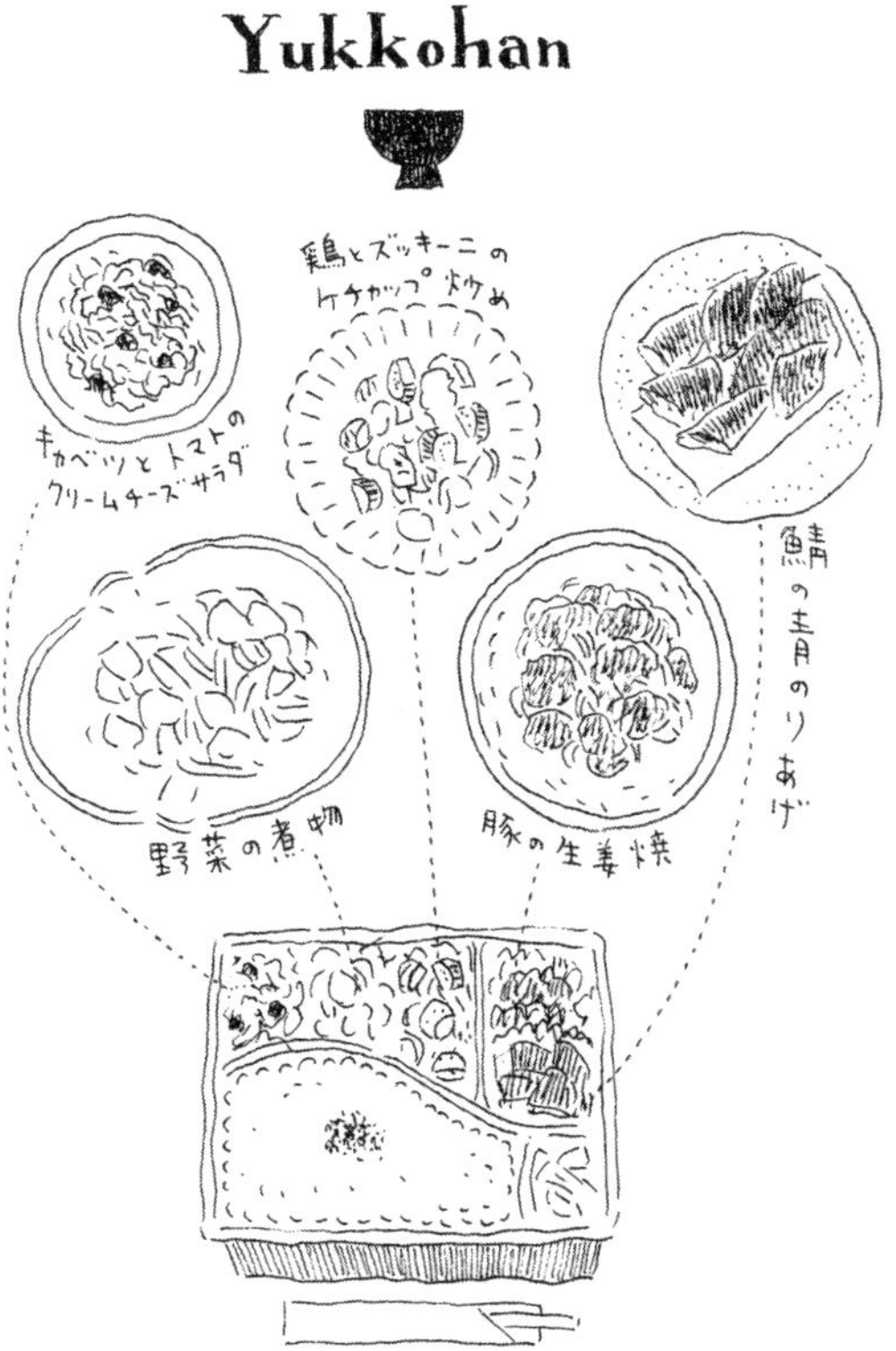

鎌倉市御成町4-33-102
Tel: 0467-24-5760
鎌倉駅から徒歩3分
営業時間：11:00 ～ 15:00　月～水・金・土のみ営業

妙本寺

鳩子が自分自身とデートできるかけがえのない場所です。ゆっくりと長い石段を上り、緑の中で目を閉じて、思いっきり深呼吸をしたら、鳩子の心にたまっていたザラザラが風に吹かれていきました。

本堂の階段から眺める景色が、昔から鳩子は好きでした。鎌倉駅から近いのに、山奥のお寺にお参りしているかのような静寂があります。

紫陽花の名所でもあり、雨の日に訪れると最高です。祖師堂《そしどう》の前にカイドウの木があります。同じ女性を好きになった小林秀雄と中原中也《なかはらちゅうや》は、それから十年後、ここで一緒に花を見上げたそうです。

自分だけの大切な場所、みんなにもあるのでしょうね。

鎌倉市大町 1-15-1
Tel: 0467-22-0777
鎌倉駅から徒歩 8 分
拝観時間: 9:00 〜 17:00 寺務所（門はいつも開いています）

松花堂

鎌倉に古くからある老舗の和菓子屋さん。

尾張徳川家に献上していた品「あがり羊羹《ようかん》」を、ひとつひとつ職人さんが丁寧に手作りしています。

水羊羹と蒸羊羹の中間ぐらいの柔らかさで、生菓子タイプの羊羹です。

この羊羹は、バーバラ婦人のお庭で開かれたお花見のときに誰かが差し入れてくれました。

鎌倉の人は甘い物が好きみたいです。

「菊もなか」や季節限定の「栗入り小鹿」も人気です。

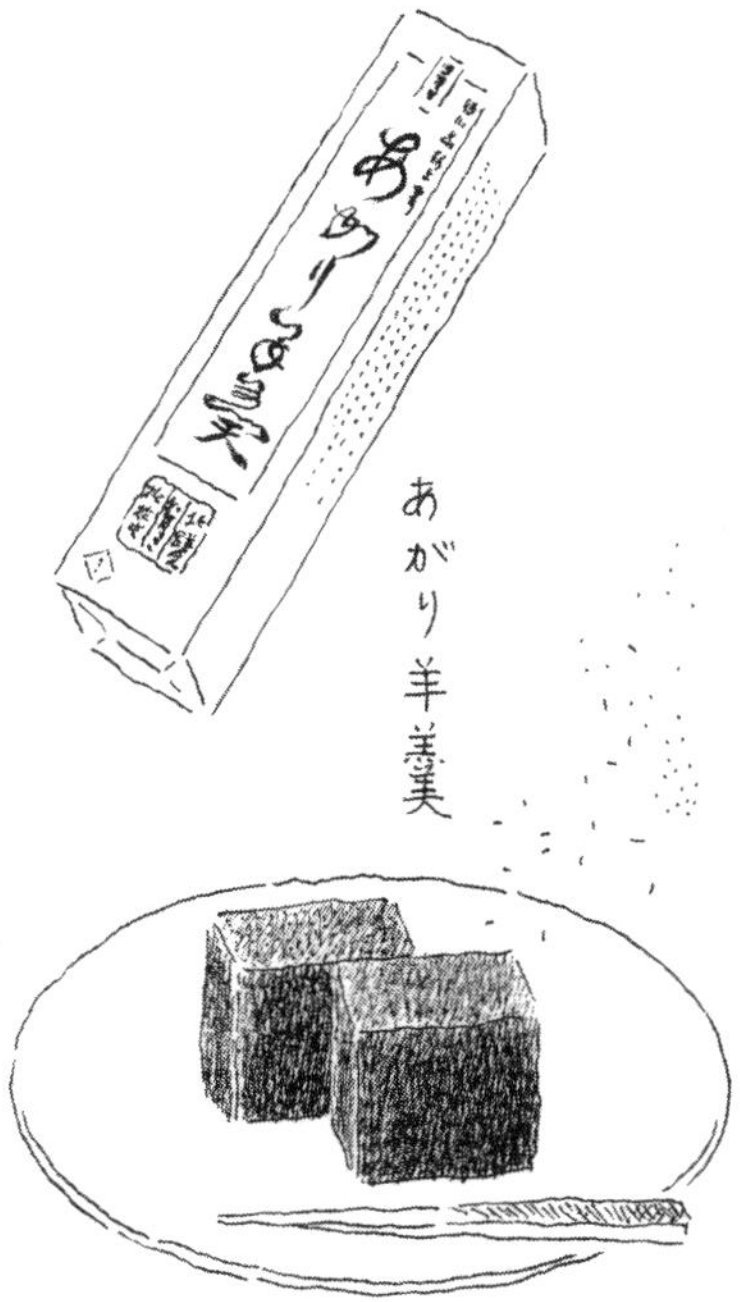

鎌倉市山ノ内1340
Tel: 0467-22-6756
北鎌倉駅から徒歩1分
営業時間: 9:00～17:00　月曜定休

萩原精肉店

お肉屋さんとは思えないほど、シックでおしゃれな外観のお店です。

一瞬、カフェと間違えてしまいそうです。

でも、カウンター横のショーケースには、たくさんのお肉が、これまたとってもおしゃれに陳列されています。

バーバラ婦人宅でのお花見に、ご近所さんがここのローストビーフを持ってきてくれました。

バーバラ婦人もこのローストビーフが大好物のようで、花火大会のときに、こちらで注文していました。

ローストビーフも美味しいですが、焼豚も人気なので、ぜひ、次は、バーバラ婦人にも食べてもらいたいものです。

萩原精肉店

鎌倉市小町1-4-29
Tel: 0467-22-1939
鎌倉駅東口から徒歩2分
営業時間：9:30～18:00　日曜定休

麩《ふ》帆《はん》

生麩の専門店です。

名物は、ひとつずつ笹の葉にくるまれた麩まんじゅう。

よもぎを練りこんだ自家製の生麩に、ほどよい甘さの漉し餡が詰まっています。

喉越しのよいつるつるとした食感の麩が、たまりません。

バーバラ婦人の家で開かれたお花見の際に、ご近所さんの誰かが、ここの麩まんじゅうを持ってきてくれました。

小さな間口で販売しているので、うっかり見逃さないように注意してください。

そして、売り切れ次第閉店です。

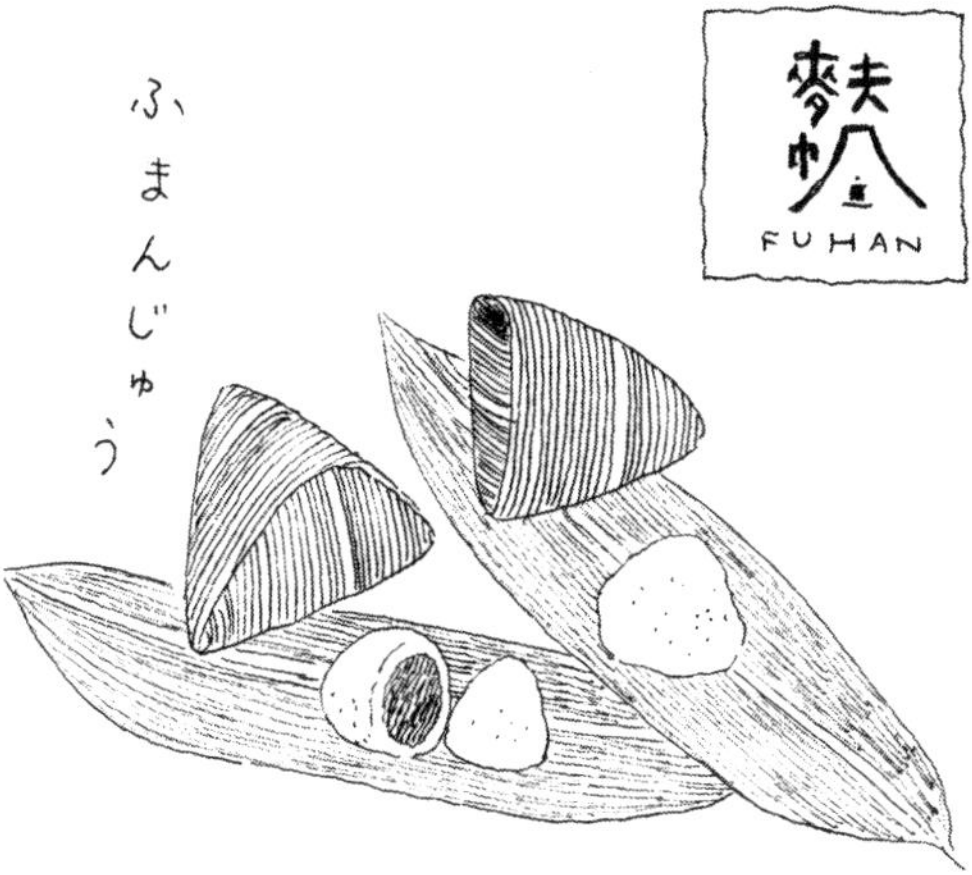

鎌倉市長谷 1-7-7
Tel: 0467-24-2922
江ノ電由比ヶ浜駅から徒歩2分
営業時間: 10:00～17:00（売り切れ次第閉店）　月曜定休

なみへい

由比ヶ浜駅近くにある、とてもレトロな雰囲気のたい焼き屋さん。

南部鉄器の焼き型で、ひとつひとつ丁寧に焼いています。

皮が薄くて、パリパリのたい焼きを鳩子は四つ買いました。

ひとつは、バーバラ婦人へのお土産です。

店内で食べることもできますが、ミツローさんとQPちゃんと一緒に食べたいので、お持ち帰りにしました。

とっても寒い日だったので、たい焼きをポケットに入れて歩いたら、ポカポカとしてカイロのようでした。

少しでも熱々のうちに、二人に届けたいので、家路を急ぎます。

たい焼き以外に、ピロシキやベーグルなども売っています。

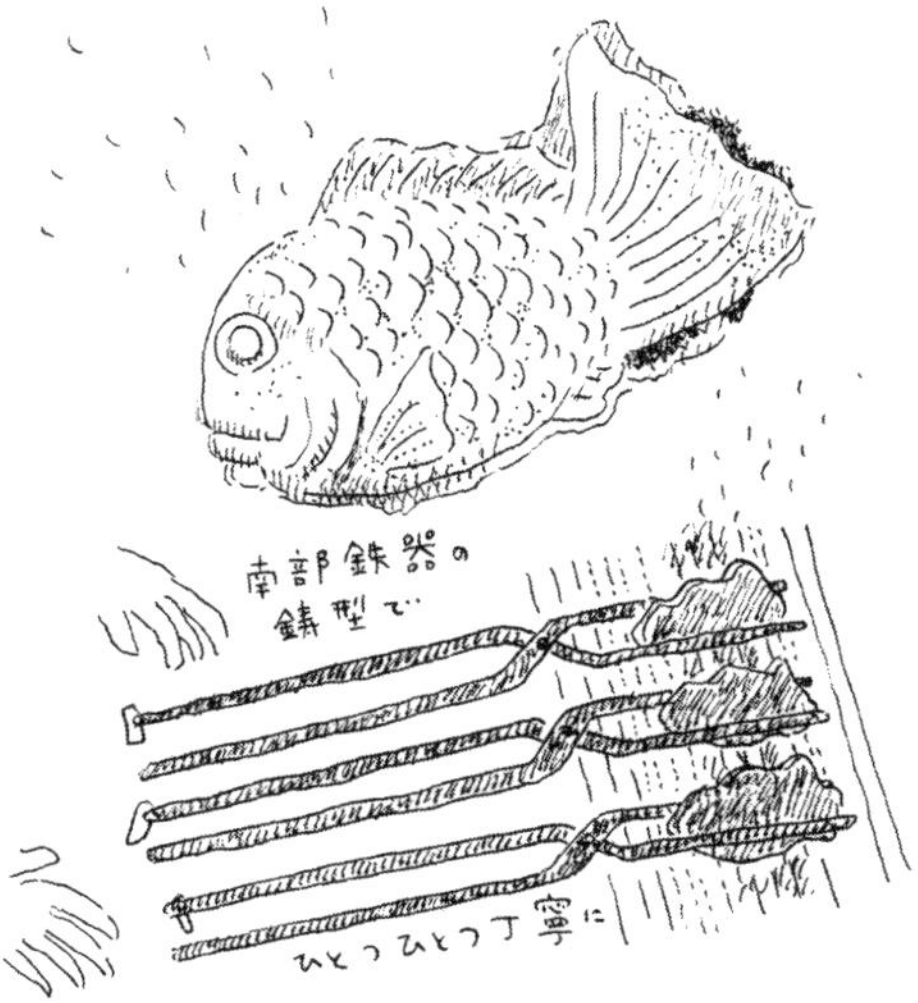
南部鉄器の
鋳型で
ひとつひとつ丁寧に

なみへい
氷
たい焼き

鎌倉市長谷1-8-10
Tel: 0467-24-7900
江ノ電由比ヶ浜駅から徒歩3分
営業時間: 10:00 ～ 18:00　月曜・隔週火曜定休

ウーフカレー

カレー屋さんですが、カフェのように落ち着くお店です。

カレーのレシピを考案していた守景さんが、ここに鳩子と偵察に来ていたら、きっと長居してしまったはず。

時間をかけてじっくり煮込んだカレーは、コクがあってとってもまろやか。

新鮮な鎌倉野菜をふんだんに使っていて、ここでしか食べられない味です。

外観も中もとってもおしゃれ。

吹き抜けの二階席がオススメです。

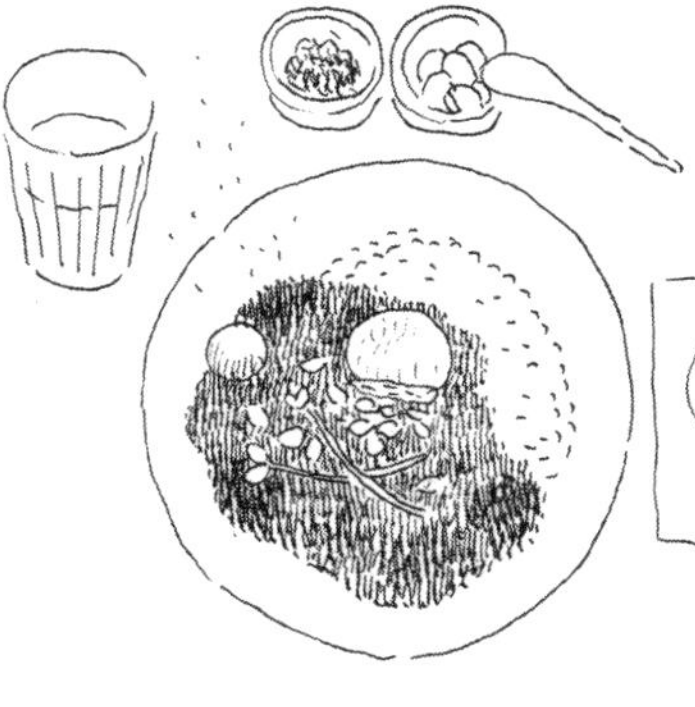

woof curry

鎌倉市長谷2-10-39
Tel: 0467-25-6916
鎌倉駅から徒歩18分、または江ノ電長谷駅・由比ヶ浜駅から徒歩5分
営業時間：11:00～21:00（LO20:30）　水曜定休

飲茶キッチン　フェンロン

由比ヶ浜駅に隣接している小さな中華料理屋さん。

江ノ電が通る度に、床が揺れるほどの近さです。

途中でリタイアした七福神めぐりの続きをする前に、ここフェンロンで集合し、みんなで腹ごしらえです。

注文は言い出しっぺの男爵に任せます。

全員で餃子をつまみながら、スーラータンメンができるのを待ちます。

甘辛い餡がからまる麺と、具がたっぷりのスープ。さっきまで冷えていた体が、どんどん温まってきました。

食べ終わったら、いざ出発です!

QPちゃんは、初参加です。

今日は、最後まで回れますように!

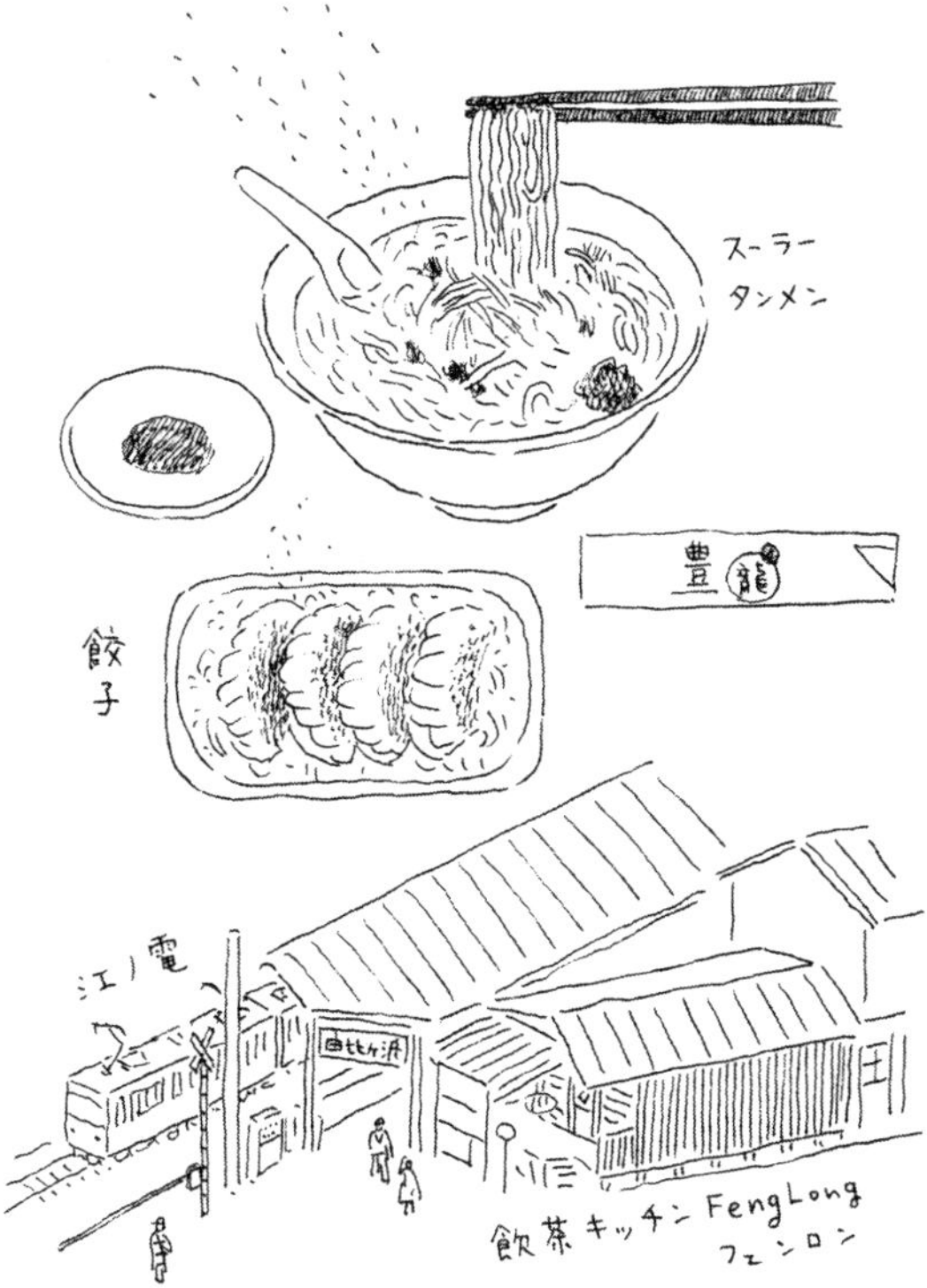

鎌倉市由比ガ浜3-10-12
Tel: 0467-24-5594
江ノ電由比ヶ浜駅下車すぐ
営業時間: 11:30〜15:00(LO14:30)、17:30〜21:00(LO20:30)
木曜、第3水曜定休

鎌倉文学館

文豪・川端康成からの葉書を書いてほしい、との依頼が、鳩子のもとに舞い込みました。

頭を悩ました鳩子は、鎌倉文学館を訪れ、少しでもヒントになればと川端康成の直筆原稿や書簡を見ます。そして、小さく収まった彼の直筆に、少しがっかりしてしまいました。でも、鎌倉文学館のおかげでしょうか、その後、立ち寄ったカフェで、一気に書き上げることができました。

川端康成以外にも、鎌倉にゆかりのある夏目《なつめ》漱石《そうせき》、芥川龍之介《あくたがわりゅうのすけ》、与謝野晶子《よさのあきこ》ら文学者の直筆原稿や書簡、愛用品などが展示されています。

建物自体も日本有数の洋風建築で、バラの名所でもあるので、必見です。

鎌倉市長谷1-5-3
Tel: 0467-23-3911
江ノ電由比ヶ浜駅から徒歩7分
開館時間: 9:00 ～ 17:00 (3月～9月)、9:00 ～ 16:30 (10月～2月)
月曜休館（祝日の場合は開館）

甘縄神明神社

鎌倉で最も古い神社といわれています。

源頼義がここで祈願し、源義家が生まれたと伝えられています。

また、北条時宗が産湯につかったとされる「北条時宗公産湯の井」があります。

鎌倉文学館に行った帰り、鳩子はこの神社に立ち寄りました。

川端康成にとって終《つい》の住処《すみか》となった日本家屋は、この神社のすぐ近くにありました。小説『山の音』の舞台としても知られています。

石段の途中で振り返った鳩子が見渡した海を、川端康成も眺めたのでしょうか。

鎌倉市長谷 1-12-1
江ノ電長谷駅から徒歩5分

材木座海岸

四月の最初の週末、鳩子たちは早起きして材木座海岸に向かいました。

鳩子、ミツローさん、そしてＱＰちゃんは、亡くなってしまったＱＰちゃんの実の母親・美雪さんに宛てて手紙を書きました。

それをボトルレターとして海に流しにいったのです。

鳩子は手紙の中で、「ＱＰちゃんのことを、美雪さんと同じように、はるちゃんと呼んでもいいですか？　ＱＰちゃんの本当のお母さんになってもいいですか？」と、会うことのできない美雪さんにお願いしました。

三人の手紙、天国にいる美雪さんのもとに、きっと届いているはずです。

鎌倉駅東口からバス「材木座」または「光明寺」下車

力餅家

極楽寺坂下にある創業三百年の和菓子屋さんです。

名物の「権五郎《ごんごろう》力餅」は、つきたてのお餅を甘さ控えめな漉し餡でくるんだ素朴な味わいの和菓子です。ひとつが小さいので、いくつでも食べられちゃいます。

添加物を一切使用していないため、日持ちはしません。

鳩子のところにも、ご近所さんから回覧板と一緒に、力餅が回ってきました。

たくさんあるときは、こうしてご近所さんにお福分けするのです。鳩子はそれを、守景さんに。お福分けのお福分けです。

生餅は消費期限が当日ですが、消費期限が三日の求肥の力餅もありますので、お土産にはこちらがオススメです。

鎌倉市坂ノ下 18-18
Tel: 0467-22-0513
営業時間：9:00 〜 18:00　水曜・第3火曜定休

御《ご》霊《りよう》神社

七福神めぐりの続きに長谷寺を訪れた鳩子たちは、御霊神社に立ち寄りました。

鎌倉権五郎景政を祭神とする神社のため、権五郎神社と地元では親しまれています。

境内のすぐ横を江ノ電が走っていて、紫陽花の咲く季節には、江ノ電と紫陽花の素敵なツーショット写真も撮ることができます。

ここで、鳩子たちは長生きの神様として知られる福禄寿様に参拝します。

みんながいつまでも、健康で長生きできますように。

鎌倉市坂ノ下4-9
Tel: 0467-22-3251
江ノ電長谷駅から徒歩5分

覚園寺

黒地蔵縁日は、毎年八月九日の夜半過ぎから翌日の正午頃まで覚園寺で開かれます。

黒地蔵尊が亡くなられた方々へ、私たちの気持ちや願いを届けてくださる縁日です。

新盆をむかえられる方が、三年続けて縁日に参拝供養すると、亡くなられた方は必ず成仏するといわれています。

QPちゃんは、ずっと黒地蔵縁日に行くことを楽しみにしていました。

そして、小学生になったQPちゃん、夜中にちゃんと目を覚ましまして、いざ出発です！

境内には、夜中にもかかわらずいくつかの夜店が出ています。

鳩子たちは、おでんを買って、三人で少しずつ分けました。

鎌倉市二階堂421
鎌倉駅からバス「大塔宮」下車徒歩10分

二階堂川

毎年、この川には天然の蛍が舞います。

先代へのはじめての手紙を書いて疲れ果てた鳩子が見た夢。

それは、この二階堂川にかかる橋で、蛍を見ている自分でした。

そこには、先代、ＱＰちゃん、守景さん、バーバラ婦人、男爵にパンティー、スシ子おばさんもいます。

大切な人たちと一緒です。

『ツバキ文具店』のラストシーンは、ここが舞台です。

みなさんも、ぜひ大切な人と一緒に蛍を見に行って下さい。

かすかな光を、ただじっと黙って見つめている。それだけのことなのに、なんだかとっても幸せです。

鎌倉市二階堂136
鎌倉駅からバス「大塔宮」下車徒歩5分

この作品は書き下ろしです。

本書は、小川糸著『ツバキ文具店』と続編『キラキラ共和国』に登場する実在のお店や神社仏閣を紹介しています。

幻冬舎文庫

●最新刊
ツバキ文具店
小川 糸

鎌倉で小さな文具店を営みながら、手紙の代書を請け負う鳩子。友人への絶縁状、借金のお断り……。身近だからこそ伝えられない依頼者の心に寄り添ううち、亡き祖母への想いに気づいていく。

●好評既刊
さようなら、私
小川 糸

帰郷した私は、初恋の相手に再会する。昔と変わらぬ彼だったが、私は不倫の恋を経験し、仕事も辞めてしまっていた……。嫌いな自分と訣別し、新しい一歩を踏み出す三人の女性を描いた小説集。

●好評既刊
たそがれビール
小川 糸

パリ、ベルリン、マラケシュと旅先でお気に入りのカフェを見つけては、手紙を書いたり、本を読んだり、あの人のことを思ったり。当たり前のことを丁寧にする幸せを綴った大人気日記エッセイ。

●好評既刊
今日の空の色
小川 糸

鎌倉に家を借りて、久し振りの一人暮らし。朝はお寺の座禅会、夜は星を観ながら屋上で宴会。携帯もテレビもない不便な暮らしを楽しみながら、大切なことに気付く日々を綴った日記エッセイ。

●好評既刊
卵を買いに
小川 糸

素朴だけれど洗練された食卓、代々受け継がれる色鮮やかなミトン、森と湖に囲まれて暮らす謙虚で明るい人々……。ラトビアという小さな国が教えてくれた、生きるために本当に大切なもの。

ツバキ文具店《ぶんぐてん》の鎌倉案内《かまくらあんない》

ツバキ文具店《ぶんぐてん》

平成30年8月5日　初版発行
令和7年4月20日　10版発行

発行人――石原正康
編集人――宮城晶子
発行所――株式会社幻冬舎
〒151-0051東京都渋谷区千駄ヶ谷4-9-7
電話　03(5411)6222(営業)
　　　03(5411)6211(編集)
公式HP　https://www.gentosha.co.jp/
印刷・製本―中央精版印刷株式会社
装丁者――高橋雅之

幻冬舎文庫

ISBN978-4-344-42762-4　C0195　つ-13-1